STREET ART PORTUGAL

Ficha Técnica

© 2015, Zestbooks, Lda.
Zest – Books for Life
R. do Centro Cultural, 7B/LISBOA/Portugal
info@zestbooks.pt; www.zestbooks.pt
1.ª edição/1st edition: agosto/August 2015
1.ª reimpressão/1st reprint: agosto 2016/August 2016
ISBN: 978-989-8729-30-9
Design & Layout: Zest – Books for Life/Diana Martins
Ilustrações/Illustrations: Pedro Soares Neves
Tradução/Translation: Catarina Aleixo
Produção/Production: Finepaper, Lda.

A Zest – Books for Life pede, desde já, desculpa por eventuais erros na identificação das peças, assim como por não ter conseguido fotografias de autores de que gostamos muito.

Copyright das imagens/Image copyrights

Zest - Books for Life apologises from the outset for any mistakes in identifying works of art as well as for being unable to get photographs of artists we like a lot.

PREFÁCIO

Vivemos dias felizes no que à *Street Art* diz respeito. Um exponencial aumento da qualidade e da quantidade dos nossos artistas – associado a uma *old school* de grandes artistas que têm permanecido sempre na vanguarda internacional – tornou Portugal num dos mais importantes países no que à arte urbana diz respeito, e onde já se exigia um livro desta natureza.

Mais do que uma fotografia do que de melhor surgiu neste ano, é o primeiro álbum de uma coleção que irá passar a registar a história gráfica da arte de rua em Portugal, a possibilidade de dar a conhecer novos e não tão novos artistas a todos os que se interessam por esta arte em Portugal e no mundo.

Queremos igualmente registar que a *Street Art* não existe só em Lisboa, mas por todo o país, com peças menos conhecidas em cidades mais pequenas, onde a intervenção urbana tem crescido e assumido grande impacto e importância maior na cultura local.

Aqui encontrarão um livro nacional, de norte a sul do país continental, passando também pelos Açores. Aqui encontrarão os melhores registos de 2014 da maior parte dos nossos melhores artistas, uma celebração da arte portuguesa onde, por opção nossa, pontuam apenas algumas peças de artistas internacionais que com prazer nos visitam.

Acima de tudo, este é um livro deles, artistas.

Arte urbana, *Street Art* ou *graffiti*, neste livro encontrarão um pouco de tudo. Das peças encomendadas às "*walls of fame*", passando por *bombings* de rua ou comboios. Muitas peças a solo e outras em conjunto, revelando as cumplicidades e as amizades das diversas *crews* como só a arte urbana consegue demonstrar.

PREFACE

Times are good for Street Art. A huge increase in the quality and quantity of our artists – alongside great old-school artists who have always been at the international forefront – has made Portugal one of the most important countries in the urban art scene, and has driven a need for a book like this.

Rather than just a snapshot of the best of this year's art this book is the first volume of a collection that will record the graphical history of street art in Portugal. It's an opportunity to show new and not so new artists to anyone who is interested in street art in Portugal and across the world.

We also want to show that Street Art is not only found in Lisbon, but around the country, with lesser-known pieces in smaller cities, where urban intervention has grown, having a great impact and becoming more important to local culture.

This is a book for the whole country, covering the north and south of continental Portugal as well as the Azores. It features work in 2014 from most of our best artists. This is a celebration of Portuguese art in which, based on an editorial decision, there are just a few pieces by international artists who have graced our shores. Above all this book belongs to the artists.

Urban art, graffiti and street art; this book offers up a bit of everything. Ranging from commissioned works of art to "walls of fame" through to street and train "bombing".

This book includes solo pieces and others that have been produced jointly, which is a sign of the friendships between many crews that only urban art can generate.

(Detail) Draw – Porto

PREÂMBULO

O título desta publicação, *Best of Street Art Portugal 2014*, não levanta questões para os mais desatentos, porém as expressões *street art*, *graffiti* ou arte urbana estão longe de ser consensuais e/ou conceitos estáveis. Por exemplo, nos critérios que nortearam a recolha e seleção das imagens, o *graffiti* "*hip hop*" (baseado em *lettering*) vem incluído desde que a presença de elementos figurativos o justifiquem. Estamos no contexto da nova figuração, que, em termos globais na década de 1960 (i.e. *pop art*), rompe a dicotomia entre figuração e abstração, assumindo-se como realidade própria, e colocando-se paradoxal e simultaneamente entre a aceitação (procurando público) e a contestação (assumindo em cada época o seu papel de vanguarda).

Portugal sobre esta matéria viveu um percurso próprio, em grande medida caracterizado pelo antes e depois de 1974. O muralismo político deu espaço a um vazio gradualmente ocupado, no início dos anos 1990, pelo *graffiti* como subcultura de rua, que, na transição do século, vive agora um primeiro embate com a sua comercialização. Em simultâneo surgem e misturam-se outras expressões (do *design* à ilustração) que, conjuntamente com a massa crítica dos anos 90, desenvolveram na Lisboa metropolitana de 2008 o contexto para o aparecimento da institucionalizada Arte Urbana. Até esse momento, pelo resto do país, só pontualmente surgem algumas referências, realidade que começa a ser alterada de forma gradual, com saltos quantitativos e qualitativos no Algarve, no Centro e no Norte, justificando hoje a panorâmica nacional que esta tão aguardada publicação representa.

Best of Street Art Portugal vem colmatar a ausência de registo das obras de referência num só suporte, permitindo a panorâmica nacional inexistente até à data. Serve de guia para a prática dos seus protagonistas e, simultaneamente, de referência à grande qualidade que caracteriza a produção deste tipo de fenómenos, autor a autor e coletivamente como impulso cultural nas ruas de Portugal.

FOREWORD

The title of this book, *Best of Street Art Portugal 2014*, is not an issue for the uninitiated, but the terms street art, graffiti and urban art are not universally agreed upon and/or stable concepts. For example, in line with the criteria that guided the collection and selection of images, "hip hop" graffiti (based on lettering) has been included so long as it includes pictures.

The backdrop here is New Figuration, which, particularly in the 1960's (i.e. pop art), broke with the dichotomy between figurative and abstract art, taking on its own reality, and paradoxically positioning itself between acceptance (seeking an audience) and challenge (taking on a cutting-edge role in each era).

In terms of Street Art, Portugal had its own journey clearly marked by the periods before and after 1974. Political mural painting gave way to a void that was gradually filled in the early 1990s by graffiti as a street subculture, which after the transition into the 21st century is now confronting its own commercialisation. At the same time a blend of other forms of expression is emerging (from design to illustration) which, together with the critical mass of the 1990s, in the Lisbon metropolitan area in 2008 established the context for the emergence of institutionalised Urban Art.

Until then, in the rest of the country, there were only occasional references, although this situation gradually began to change, with quantitative and qualitative leaps in the Algarve, in the centre and north, leading to the national overview that this long-awaited publication showcases.

Best of Street Art Portugal makes up for a lack of registration of benchmark works of in a single medium, giving an overview of the national situation that has not existed so far. It serves as a guide to the work of its main players and is also a record of the great quality of this type of work, artist by artist and collectively as a cultural movement on the streets of Portugal.

Pedro Soares Neves
Urbancreativity.org
Street Art & Urban Creativity
International Research Topic

NORTE
PORTO

NORTHERN PORTUGAL

PORTO

DRAW – Putrica Fest, Freamunde

Mr. Dheo – Porto

Caos – Mural da Lionesa, Matosinhos

Mr. Dheo – Mural da Lionesa, Matosinhos

Costah – Porto

Costah – Porto

Hazul – Porto

Godmess – Porto

1989
"SAUDADES"
To: All my People

Mr. Dheo – Porto

Godmess – Porto

Utopia – Mural da Lionesa, Matosinhos

Maniaks Crew – Porto

Third – Mural da Lionesa, Matosinhos

Nomen – Mural da Lionesa, Matosinhos

Miss t.

Colectivo RUA (Fedor) – Porto

DRAW – Mural da Lionesa, Matosinhos

 Hazul – Porto

Mário Belém – Mural da Lionesa, Matosinhos

DRAW
FeDOR
ALMA
OkeR
Be a Warrior!

Colectivo RUA – Putrica Fest (Circus Network, Freamunde

RAM – Mural da Lionesa, Matosinhos

Third – Mural da Lionesa, Matosinhos

MAR – Mural da Lionesa, Matosinhos

PREST

Third – Axa, Porto

Mr. Dheo – Porto

Mr. Dheo – Porto

BANG BANG!

Mr. Dheo – Porto

Colectivo RUA (Mesk, Third) – Push Fest (Circus Network), Porto

RUA DO
MOREIRA

Mr. Dheo – Axa, Porto

Colectivo RUA, Break One – Push Fest (Circus Network), Porto

Mots, Mesk, Fedor – Circus Network, RU+A, Porto

Third – Mural da Lionesa, Matosinhos

MEMORIA
BEM VINDO
FEDOR
OKER
THIRD

Costah – Porto

Godmess – Porto

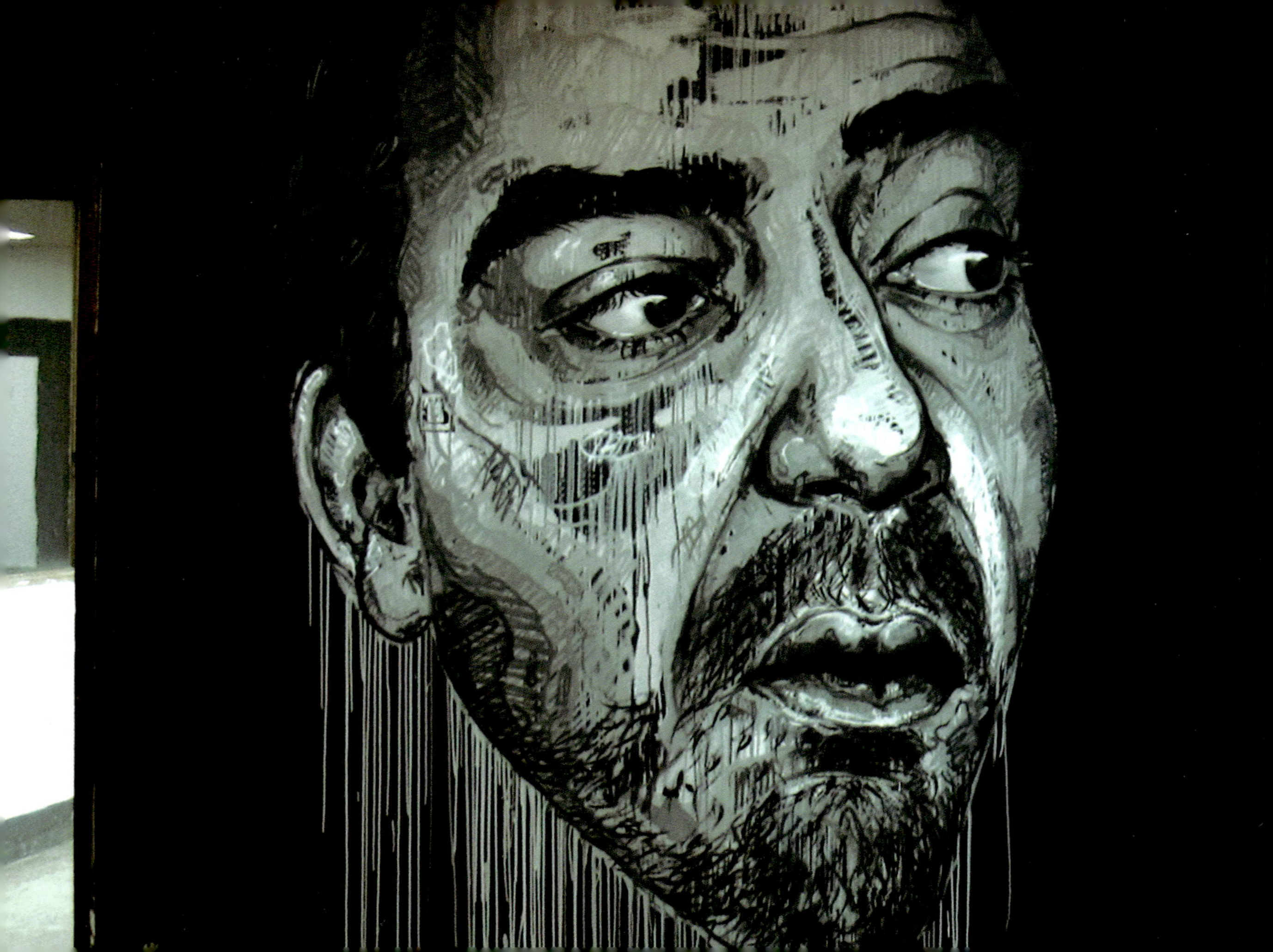

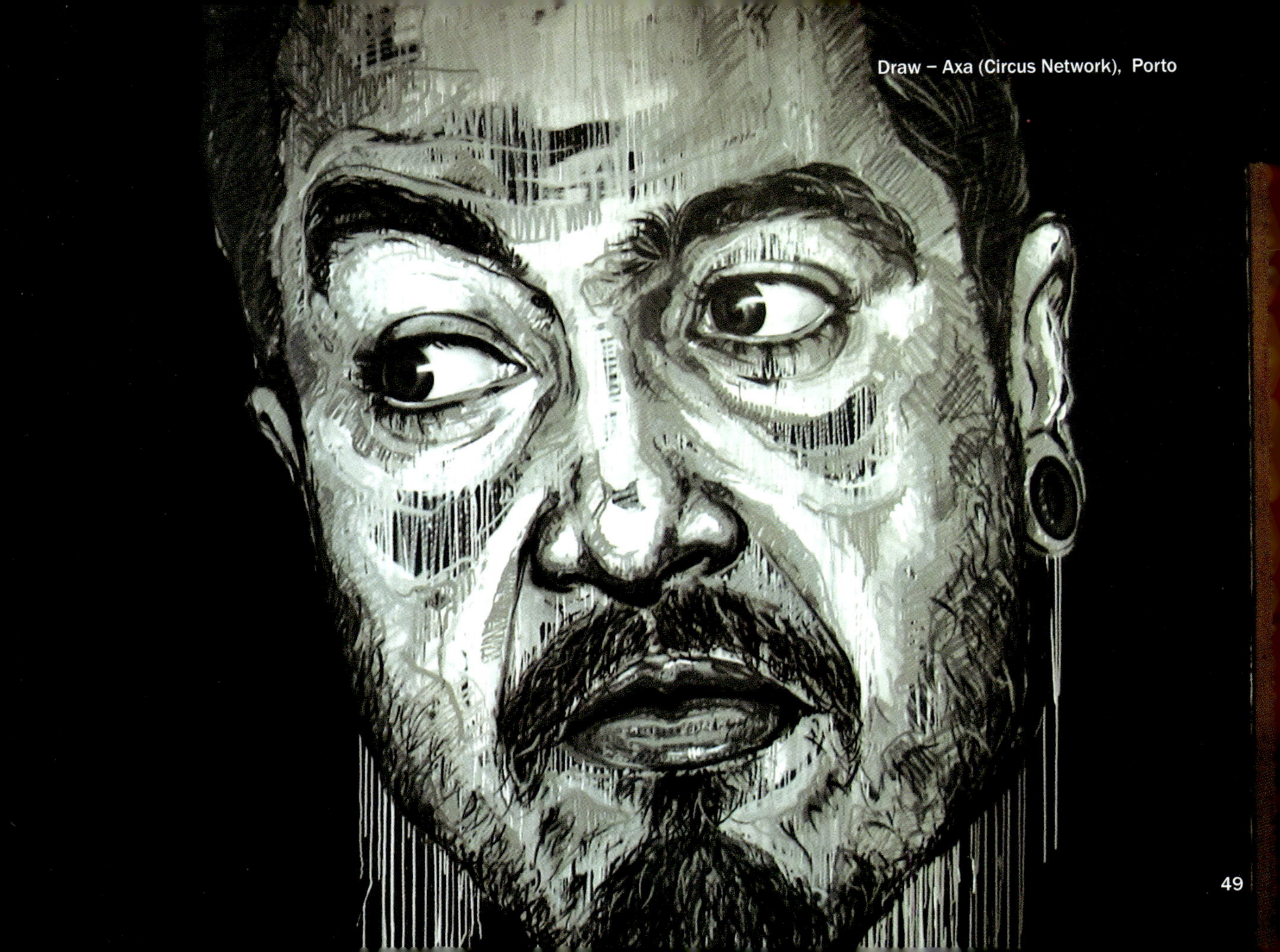

Draw – Axa (Circus Network), Porto

Chei Krew, Godmess – Porto

CRACK
IS
WACK

Anti, Godmess, Bac, Bent – Maia

Chei Krew, Godmess, Bent, Sem, Ovelhas Mémé – Porto

Youth One – Porto

Transa – Porto

Colectivo RUA (Oker, Third, Fedor, Contra), Kent, Utopia, AtomOne, Zoer – Just Write my name, Maia

REGIÃO CENTRO

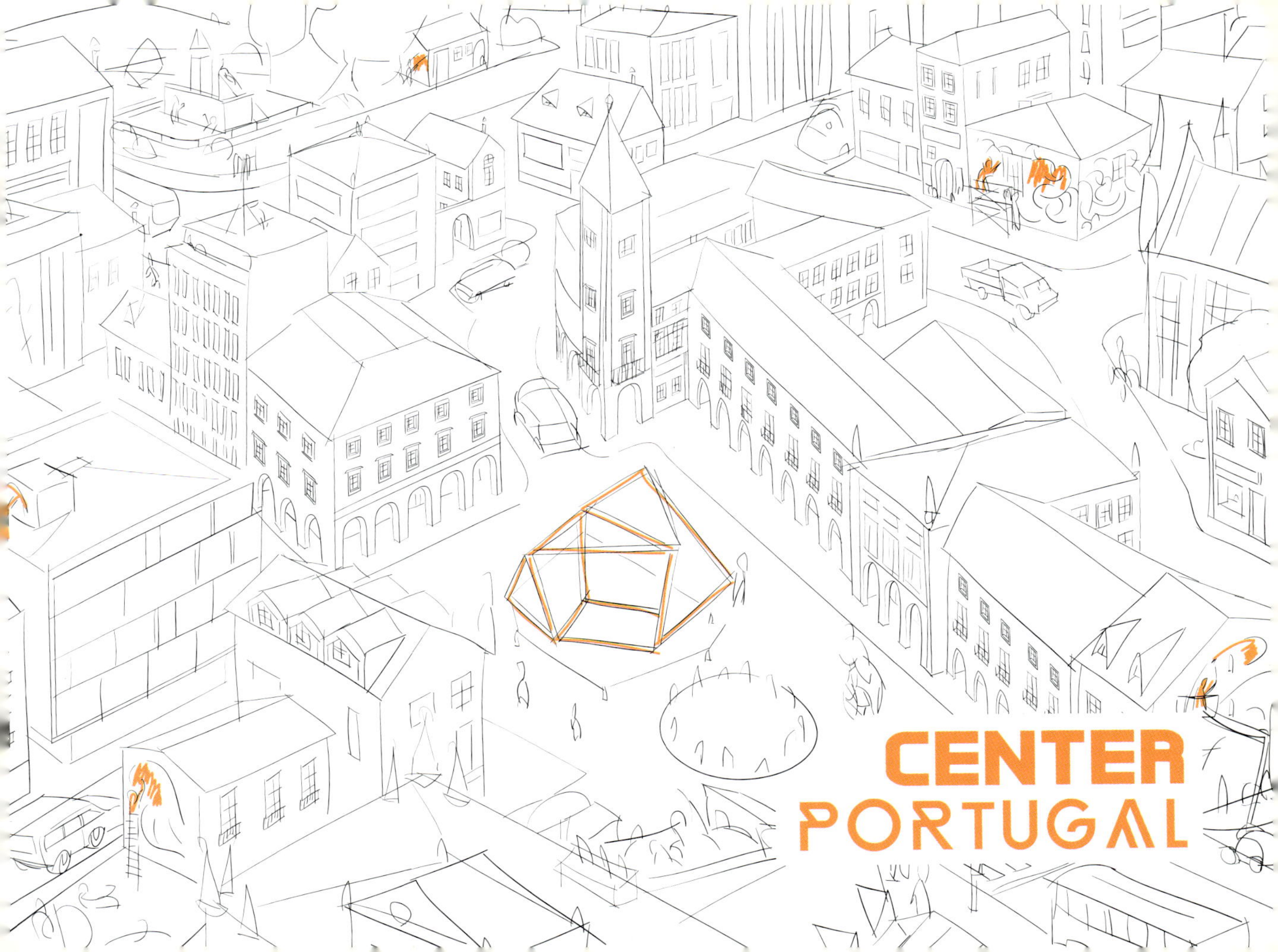
CENTER
PORTUGAL

±
± COVILHÃ
DAS LUVAS
BRANCAS

Tamara Alves – Wool Fest, Covilhã

Colectivo RUA (DRAW, Alma) – Caldas da Rainha

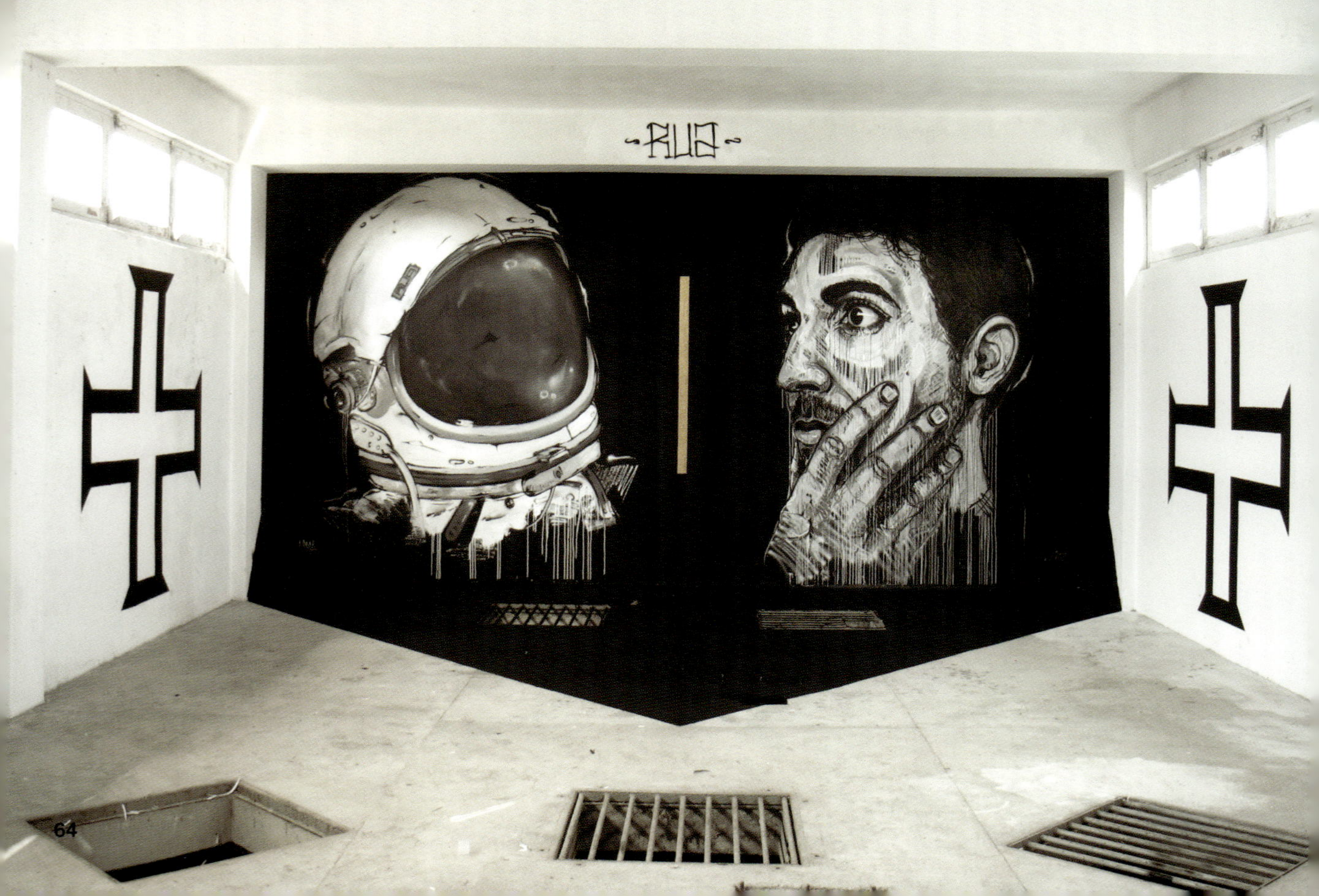

Bordalo II – Wool Fest, Covilhã

Saddo – Wool + Fusing Culture Experience, Figueira da Foz

Violant – Golegã

Pantónio – Wool + Fusing Culture Experience, Figueira da Foz

Fábio Carneiro – Aveiro

Add Fuel, Samina – Ovar

72

Add Fuel – Wool Fest, Covilhã

Eime – AgitÁgueda + Mistaker Maker, Águeda

Eime – AgitÁgueda + Mistaker Maker, Águeda

Mário Belém – AgitÁgueda + Mistaker Maker, Águeda

Violant – Abrantes

Querido Zé – Leiria

Tamara Alves – Wool + Fusing Culture Experience, Figueira da Foz

Odeith – Oliveira do Hospital

Colectivo RUA – Wool Fusing Fest, Figueira da Foz

Fábio Carneiro – Celorico de Bastos

Fábio Carneiro – Aveiro

Violant – Entroncamento

ARM Collective – Wool Fest, Covilhã

NeSpoon – Wool + CALE Fest, Fundão

Mariana Dias Coutinho – Santarém
marianadiascoutinho
2014

0290

Violant – Caldas da Rainha

Violant – Santarém

Violant – Serra da Estrela

Ups! – Covilhã

Regg – Riachos, Torres Novas

Fábio Carneiro – Aveiro

Projecto Matilha – Leiria

Projecto Matilha – Leiria

REGIÃO LISBOA

LISBON
REGION

Bordalo II – Lisboa

Bordalo II – Lisboa

Vhils – Exposição “Dissecação” (Museu da Electricidade), Lisboa

Vhils – Almada

Bordalo II – Lisboa

Skran – Lisboa

A casa não passava de uma gaiola e, ao bordar, a mulher portuguesa tecia as teias do silêncio
14
Leonor Brilha

Add Fuel, Eime – Lisboa

Violant – Lisboa

Vhils – Lisboa

Cane Morto – Lisboa

Regg – Lisboa

Adres – O Bairro i o Mundo, Loures

Raf – O Bairro i o Mundo, Loures

Projecto Matilha – O Bairro i o Mundo, Loures

Nomen – O Bairro i o Mundo, Loures

Utopia – O Bairro i o Mundo, Loures

Unknown artist – Lisboa

Utopia, Tazy, Odeith – Alfragide

2014

Odeith – Damaia

Mosaik – Festival BD, Amadora

Slap SkTr / APAURB – Festival BD, Amadora

RAM – Sintra

AkaCorleone – Lisboa

Unknown artist – Lisboa

Ernest Zacharevic – Lisboa

Mauro Carmelino – Lisboa

Mauro Carmelino – Lisboa

Unknown artist – Lisboa

Unknown artist – Lisboa

CMA CGM
CMA CGM
MAERSK
MAERSK
MAERSK SEALAND
P&O Nedlloyd
P&O Nedlloyd
MAERSK

Querido Zé – Lisboa

XXV
LEGUM·SERVI·SUMUS·UT·LIBERI·ESSE·POSSIMUS
R
L E X
X
MCMLXXIV
MMXIV
ADD FUEL · CAOS ·
·MAR·DRAW·

AB
AUT VIAM INVENIAM AUT FACIAM
IHC NOVA
UNDERDOGS

Dalaiama – Lisboa

Dalaiama – Cascais

Bordalo II – Cascais

Bordalo II – Lisboa

ARM Collective – Lisboa

Tinta Crua – Lisboa

Tosco – O Bairro i o Mundo, Loures

RAM, Robert Proch – Sintra

Paulo Arraiano — Cascais

Skran, Frame, Tape – Lisboa

The Super Van – Lisboa

Skran – Seixal

 Kruella d'Enfer – Lisboa

AkaCorleone – Lisboa

Pedro Zamith – Lisboa

Neberra – Montana Shop, Lisboa

Regg – Lisboa

Neberra – Wool, Lisboa

Ayer, Robô (One Art), ParizOne – Seixal

Robô – Lisboa

Neberra – Lisboa

The Super Van

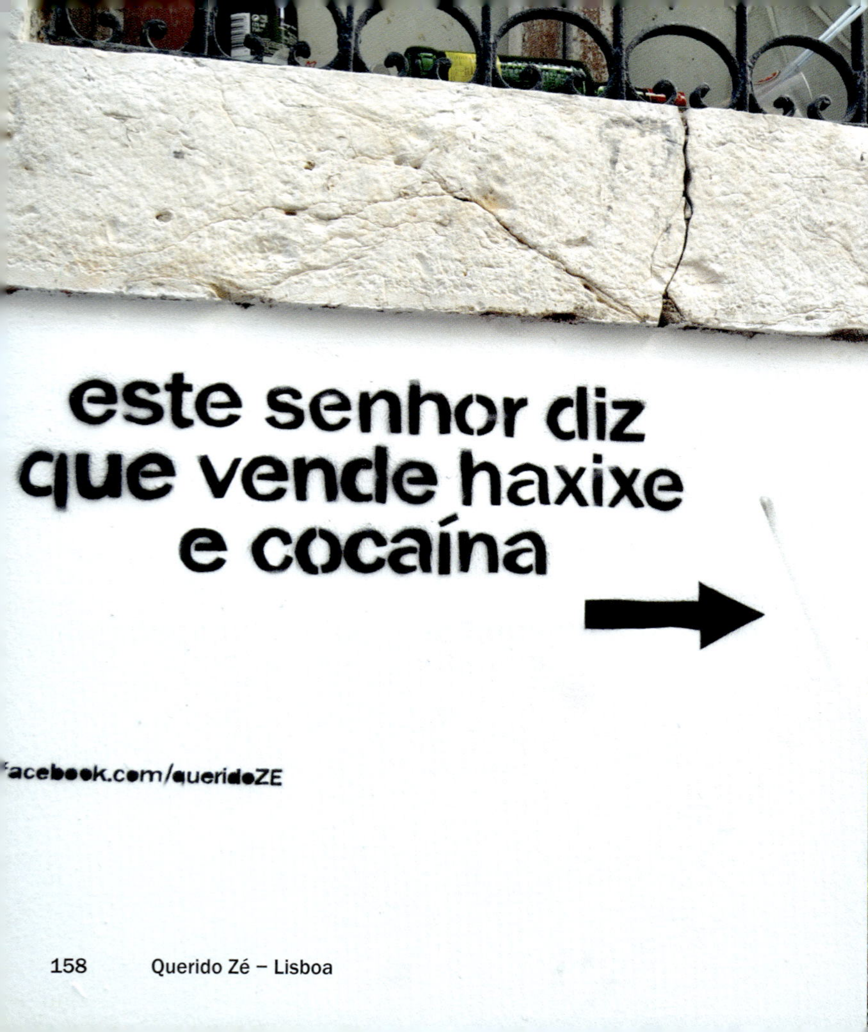

Querido Zé – Lisboa

Eime – Lisboa

Regg, Violant – Portela de Sacavém

Youth One – Lisboa

Youth One – Muraliza Fest, Cascais

Mário Belém – Muraliza Fest, Cascais

Smile – Loures

Add Fuel – Muraliza Fest, Cascais

Smile – Loures

Smile – Odivelas

RAM – Sintra

Mosaik – Famões

Kruella d'Enfer – Lisboa

Ayer – Lisboa

Ayer – Oeiras

Ayer – Almada

Mosaik – Seixal

Nomen – Lisboa

Nomen – Lisboa

Thunders Crew (Mosaik) – Lisboa

Nomen – Muraliza Fest, Cascais

Pariz One, Edis One – Sweet N'eight, Lisboa

Pariz One, Edis One – Lisboa

Mister Dheo
URBAN ART LX
POW
PARIZ

Armuyama (Pariz One, Mr. Dheo) – Lisboa

NCB Crew (The Caver) – Lisboa

GVS R1 Crew (The Caver) – Loures

14

GVS R1 Crew (Quê,Tosco, [The Caver]) – Loures

GVS R1 Crew (Quê, The Caver) – Loures

The Caver – Loures

Raps, Vespa, Sken, New, Styler, 1ma63, Creyz, Vile, Rote, Odeith, Eko, Molin – Damaia

..SATURDAY JAM 2014..
RAPS. VESPA. SKEN. NEW. STYLER. 1MA63. CREYZ. VILE. ROTE. ODEITH. EKO. MOLIN.
Kailash Satyarthi
Malala Yousafzai

SUL & AÇORES

SOUTHERN PORTUGAL
& AZORES

Regg, Violant – Setúbal

Unknown artist – Setúbal

Unknown artist – Setúbal

Odeith – Setúbal

Paulo Arraiano – Setúbal

MAR – Setúbal

Unknown artist – Setúbal

CASA DA SAÚDE
TELAS DE RUA

Thunders Crew (Mosaik, Bray) – Azeitão

Thunders Crew (Chure, Mosaik) – Azeitão

Thunders Crew (Chure) – Azeitão

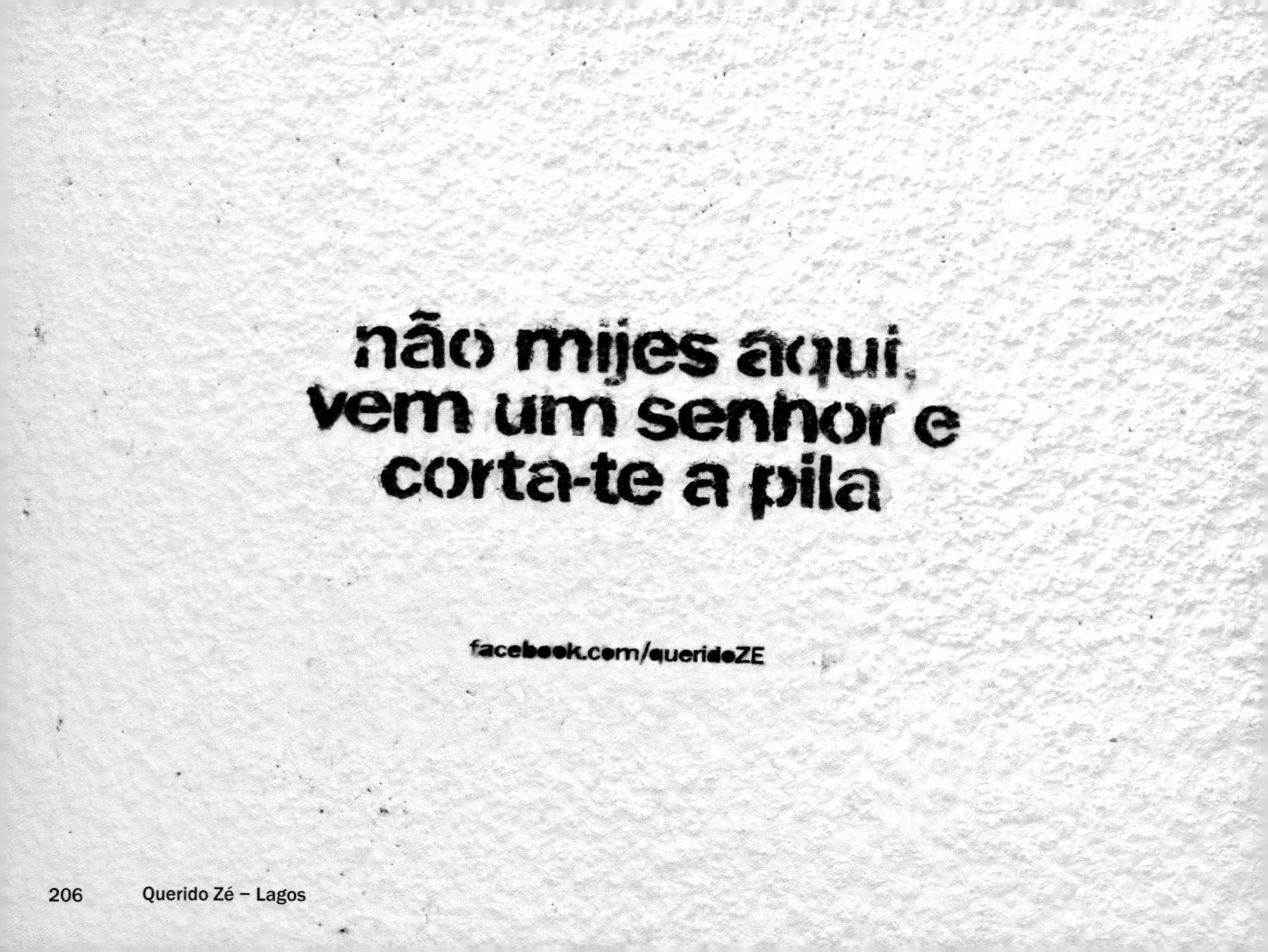
não mijes aqui,
vem um senhor e
corta-te a pila
facebook.com/queridoZE

Paulo Arraiano – Walk & Talk, S. Miguel, Açores

-MAR-

Panda do Transe – Walk & Talk, S. Miguel, Açores

Desata-te

Mário Belém – Lagos

Menau – Almancil

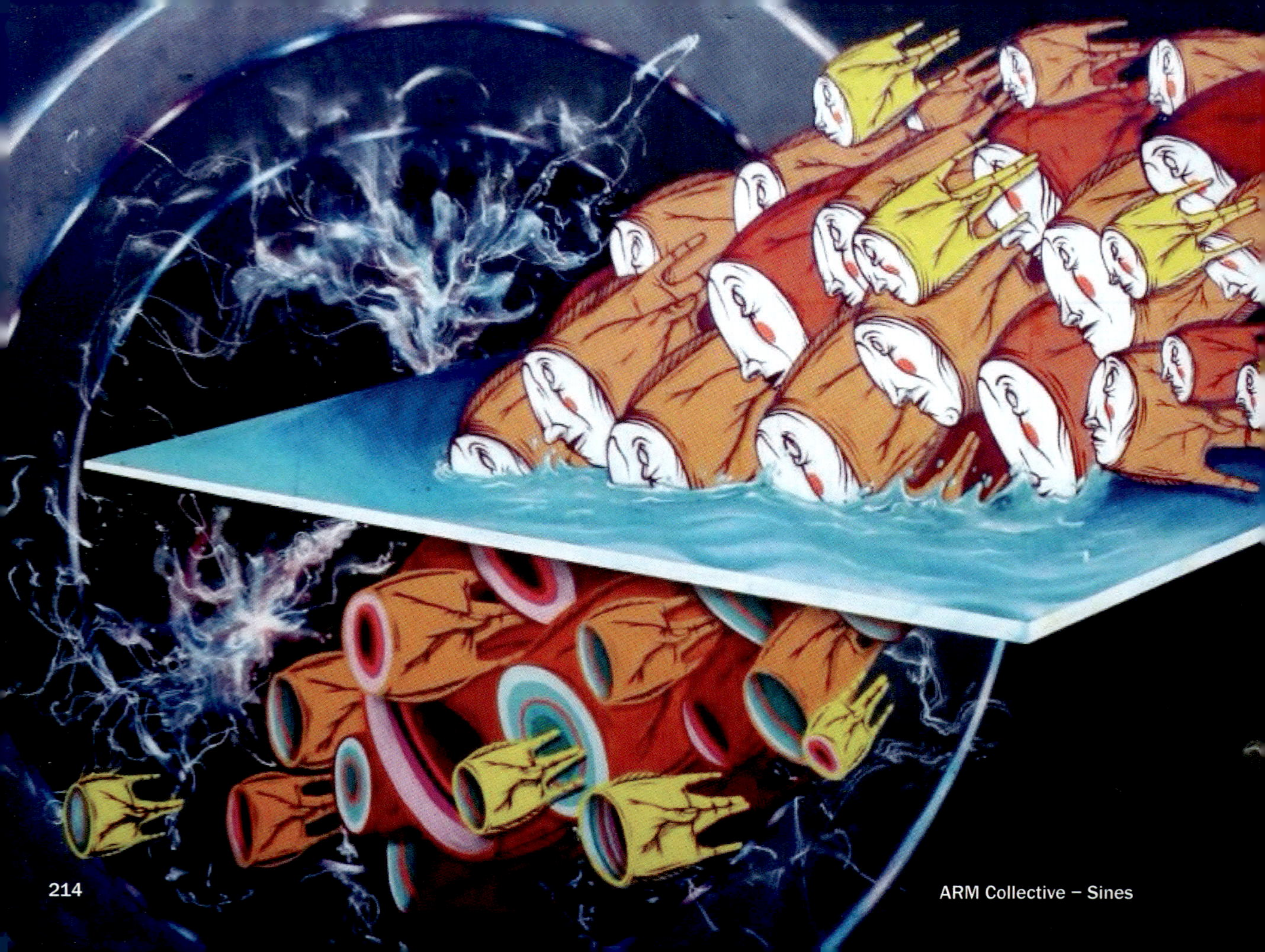

ARM Collective – Sines

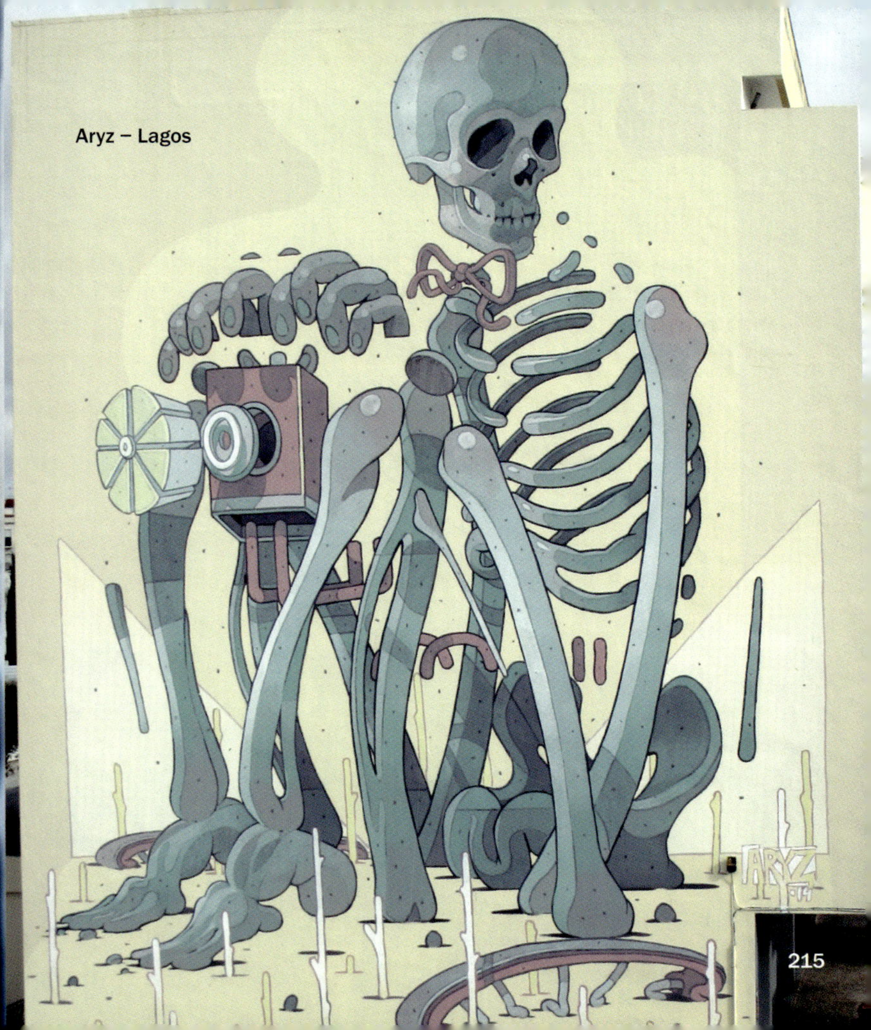

Aryz – Lagos

Menau – Quarteira

Homosapien, Menau – Quarteira

Moksha – Lagoa

Sen, Bean – Olhão

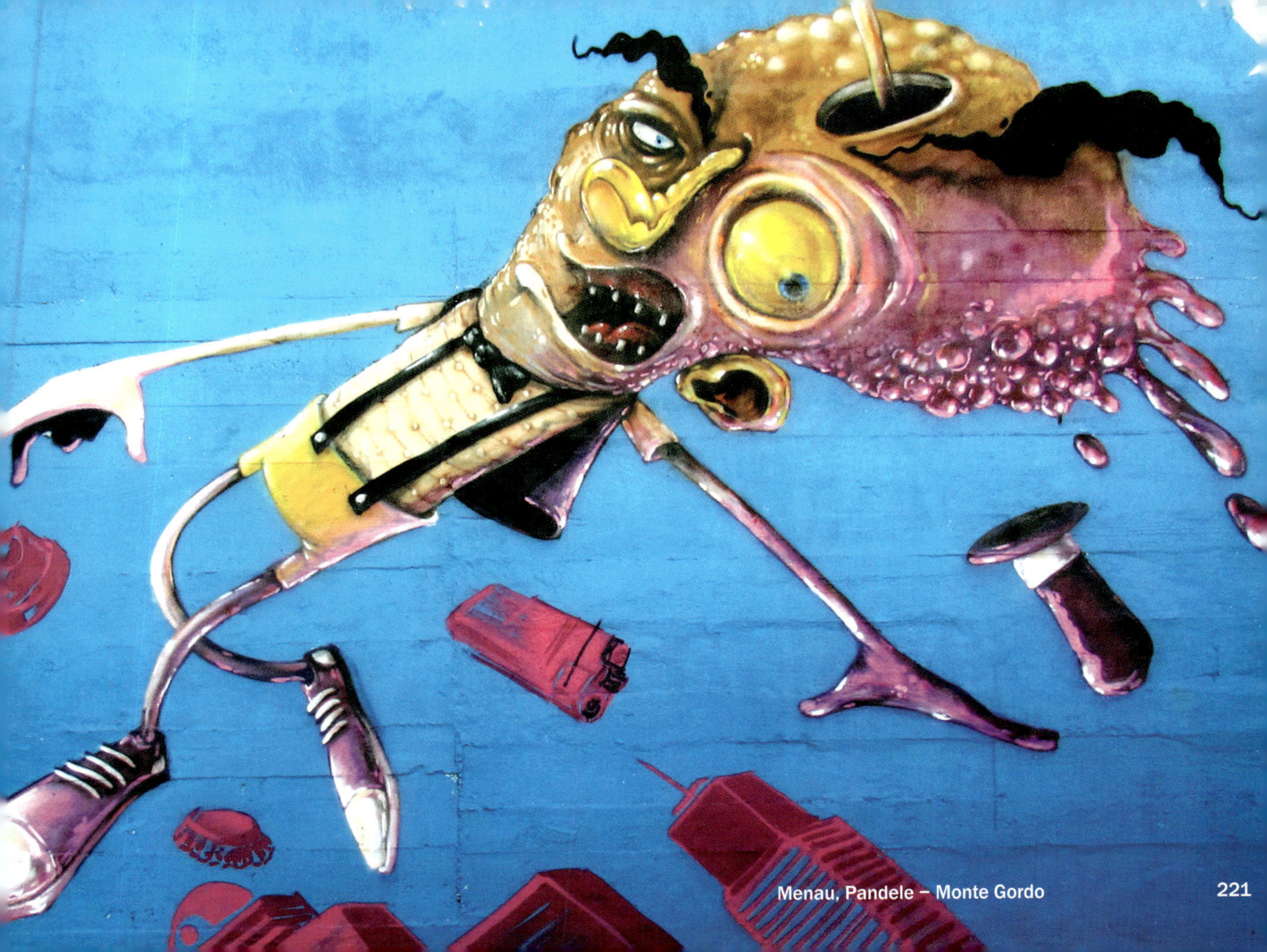

Menau, Pandele – Monte Gordo

Sen, Pimp – Olhão

Borondo – Lagos

Sepe – Lagos

AGRADECIMENTOS

Este é um livro que deve muito a muita gente e em particular aos artistas, cuja resposta foi sempre pronta e disponível. Para além deles, não queremos também deixar de destacar a ajuda de algumas pessoas e entidades, como a Lara Seixo Rodrigues (Mistaker Maker), a Galeria de Arte Urbana (GAU – Câmara Municipal [CM] de Lisboa), o Pedro Soares Neves (APAURB), o Menau (Policromia), a RU+A (Porto), as Fábricas Portuguesas/ Lionesa (Matosinhos), CM da Amadora, CM de Almada, CM de Oliveira do Hospital e CM de Setúbal, entre outros.

Principalmente, o nosso mais profundo agradecimento vai para os artistas presentes no livro, dos quais destacamos (por ordem alfabética): Add Fuel, AkaCorleone, Alma (e toda a Crew RUA), Ayer, Bordalo II, Chei Krew, Chure, Costah, Dalaiama, DRAW (e a toda a Maniaks Crew), Edis, Eime, Fábio Carneiro, Fedor, Godmess, Hazul, Kruella d'Enfer, MAR, Mariana a Miserável, Mariana Dias Coutinho, Mário Belém, Mauro Carmelino, Menau, Mesk, Miguel Januário (±MaisMenos±/Caos),Mr Dheo, Mosaik, Mots, Neberra, Nomen, Odeith, Okerland, Pantónio, Pariz One, Paulo Arraiano, Pedro Zamith, Querido Zé, RAM, Regg, Robert Panda, Robô, Samina, Sen, Ship, Skran, Slap, Smile, Tamara Alves, The Caver (e restantes elementos da GVS R1), Third, Tinta Crua, Tosco, Ups!, Utopia, Vanessa Teodoro, Vhils, Violant e Youth One.

ACKNOWLEDGEMENTS

This is a book that owes a lot to many people and particularly to the artists, who were always quick to respond and readily available. As well as them we want to mention the help of some people and organisations such as Lara Seixo Rodrigues (Mistaker Maker), Galeria de Arte Urbana (GAU – Municipality of Libon), Pedro Soares Neves (APAURB), Menau (Policromia), RU+A (Porto), Fábricas Portuguesas / Lionesa (Matosinhos), Municipalities of Amadora, Almada, Oliveira do Hospital, and Setúbal, among others.

Mainly, our deepest thanks go to the artists included in the book, notably (in alphabetical order): Add Fuel, AkaCorleone, Alma (and all of Colectivo RUA), Ayer, Bordalo II, Chei Krew, Chure, Costah, Dalaiama, DRAW (and all of Maniaks Crew), Edis, Eime, Fábio Carneiro, Fedor, Godmess, Hazul, Kruella d'Enfer, MAR, Mariana a Miserável, Mariana Dias Coutinho, Mário Belém, Mauro Carmelino, Menau, Mesk, Miguel Januário (±MaisMenos±/Caos), Mr. Dheo, Mosaik, Mots, Neberra, Nomen, Odeith, Okerland, Pantónio, Pariz One, Paulo Arraiano, Pedro Zamith, Querido Zé, RAM, Regg, Robert Panda, Robô, Samina, Sen, Ship, Skran, Slap, Smile, Tamara Alves, The Caver (and all of GVS R1), Third, Tinta Crua, Tosco, Ups!, Utopia, Vanessa Teodoro, Vhils, Violant, and Youth One.

RECURSOS RESOURCES

Add Fuel
www.addfuel.com
www.facebook.com/addfuel
instagram.com/addfuel
diogo@addfuel.com

Adres
adreslx.blogspot.pt/
www.facebook.com/Adres.art
adres81@graffiti.net

AkaCorleone
www.akacorleone.com
www.facebook.com/akacorleone
hello@akacorleone.com

Andy Calabozo
www.facebook.com/a.calabozo
andycalabozo.tumblr.com/
andy.calabozo@yahoo.com

Anti
www.facebook.com/brunoanti82

Ayer
instagram.com/ayer_oner
ppunkx@gmail.com

Bent
www.facebook.com/pages/BENT/383368398456757
Bent.gothat@gmail.com

Bordalo II
bordalosegundo.com
www.facebook.com/BORDALOII
instagram.com/b0rdalo_ii
bordalo2nd@gmail.com

Chei Krew
cheikrew.tumblr.com
www.facebook.com/cheikrew
cheikrew@gmail.com

Chure
www.flickr.com/chureoner
www.facebook.com/archureoner
instagram.com/chureoner
chureoner.tumblr.com

Colectivo RUA
www.facebook.com/COLECTIVORUA
colectivorua.tumblr.com
colectivorua@gmail.com

Dalaiama
dalaiama.blogspot.pt
www.facebook.com/dalaiamaa
www.flickr.com/photos/dalaiama/15402493620
ddalaiama@gmail.com

Costah
www.costah.net
www.facebook.com/costahart
instagram.com/costah_art
costahtattoo(a)gmail.com

DRAW
www.fredericodraw.com
www.facebook.com/frederico.draw
instagram.com/fredericodraw
fredericodraw@gmail.com

Edis One
www.facebook.com/edisonelx
instagram.com/edisonelx
edis1graffiti@gmail.com

Eime
www.facebook.com/eimeworks
instagram.com/daniel_eime
envieime@gmail.com

Fábio Carneiro
www.art-sessions.blogspot.pt
www.facebook.com/CarneiroGraffiti

Fedor
www.facebook.com/fedorgraffiti
www.flickr.com/photos/fedorrua
fedorgraffiti@gmail.com

Godmess
www.godmess.com
www.facebook.com/godmessbook
gomestalknow@gmail.com

Hazul
www.hazul.pt
www.facebook.com/eusouhazul
hazulluzah@gmail.com

José Carvalho
cargocollective.com/ozearv
indecomposed@gmail.com

Kruella d'Enfer
www.kruelladenfer.com
www.facebook.com/heykruella
instagram.com/kruelladenfer
maildaangela@gmail.com

Leonor Brilha
leonorbrilha.wix.com/art
www.facebook.com/leonor.brilha
leonorbrilha@gmail.com

Miguel Januário (Caos, ±Mais Menos±)
www.maismenos.net
www.facebook.com/maismenos.oficial
mais.menos@gmail.com

MAR (ARM Collective)
www.goncalomar.com
www.facebook.com/goncaloMARribeiro
goncalomar@gmail.com

Mariana a Miserável
www.marianaamiseravel.com
www.facebook.com/marianamiseravel
marianaamiseravel.blogspot.pt
hello@marianaamiseravel.com

Mariana Dias Coutinho
www.facebook.com/marianadiascoutinho.artist
marianadiascoutinho.tumblr.com
marianadiascoutinho@gmail.com

Mário Belém
www.mariobelem.com
www.facebook.com/mariobellinni
instagram.com/mariobelem
m@mariobelem.com

Mauro Carmelino
www.behance.net/carmelini
carmelini.tumblr.com
mcarmelino@gmail.com

Menau
www.menau.com
www.facebook.com/MenauPolicromia
elsiomenau@gmail.com

Mesk
www.facebook.com/mesk85
www.tumblr.com/tagged/mesk
mesk85@gmail.com

Moksha (Stephen Jones)
www.facebook.com/MokshaGraffiti

Mosaik
www.mosaikone.blogspot.com
mosaik5estrelas@hotmail.com

Mr. Dheo
www.mrdheo.com
www.facebook.com/misterdheo
www.instagram.com/mrdheo
mrdheonews@gmail.com

Neberra
neberra.com
www.facebook.com/neberra
instagram.com/neberra
neberra@gmail.com

Nomen
www.nomen1.com
www.facebook.com/nomendubius1
info.Nomen1@gmail.com

Odeith
www.odeith.com
www.facebook.com/odeithofficialpage
instagram.com/odeith
info@odeith.com

Ovelhas Mémé
www.facebook.com/oovelhas.meme

PAC Crew (Policromia Associação Cultural)
www.policromia.pt
www.facebook.com/PolicromiaAC
acpolicromia@gmail.com

Panda do Transe/Robert Panda
www.robertpanda.com
www.facebook.com/pandatranse
panda@robertpanda.com

Pantónio
www.pantonio.pt
www.facebook.com/pantonioo
instagram.com/pant0ni0
antoniolobodosmares@gmail.com

Pariz One
pariz-one.com
www.facebook.com/ParizOne1
instagram.com/parizone
pariz.ilg@gmail.com

Paulo Arraiano
www.pauloarraiano.com
www.facebook.com/art.arraiano
instagram.com/pauloarraiano
mail@pauloarraiano.com

Pedro Zamith
www.pedrozamith.com
www.facebook.com/pages/Pedro-Zamith/
60545632962
pedro.zamith@gmail.com

Projecto Matilha
www.projectomatilha.com/
www.facebook.com/matilhaprojecto
projectomatilha@gmail.com

Querido Zé
www.queridoze.blogspot.pt
www.facebook.com/queridoze

Raf:
www.muworkspace.com/

RAM (ARM Collective)
www.facebook.com/ram.miguel.7
instagram.com/Ram_Lisbon

Regg
reggsalgado.tumblr.com
www.facebook.com/tiago.salgado.5
iamregg@gmail.com

Robô
www.facebook.com/Roboneart
oneartrobo@gmail.com

Samina
www.behance.net/JSAMINA
www.facebook.com/saminartist
joao.m.samina@gmail.com

Sen
www.aderitaartisticspace.com/pt/sen-

Ship
www.projectomatilha.com
projectomatilha@gmail.com

Skran
skran.blogspot.pt
www.facebook.com/Skran01
www.behance.net/skran
skranone@gmail.com

Slap
www.facebook.com/slapsktr

Smile
www.facebook.com/smile1art
smile1art@hotmail.com

Tamara Alves
www.tamaraalves.com
tamara.alves@rocketmail.com

Tazy
https://www.facebook.com/tazy.
graffiti.7

The Caver
www.thecaver.com
mailfromthecave@gmail.com

The Super Van
www.thesupervan.com
www.facebook.com/vanessateodoro
vans.teodoro@gmail.com

Tinta Crua
www.facebook.com/pages/Tinta-
-Crua/504549479596930
www.flickr.com/photos/tintacrua/
tintacrua@gmail.com

Tosco
www.igspin.com/user/tosco_kandonga
kandonga.tattoo@gmail.com

Utopia
www.facebook.com/utopia.artist

Vhils
www.vhils.com
www.under-dogs.net/
www.facebook.com/AlexandreFartoVHILS
info@vhilstudio.com

Violant (João Maurício)
www.facebook.com/j.m.violant
www.flickr.com/photos/violant3
joaomauricio.violant@gmail.com

Youth
youth74@gmail.com

The REAL Lisbon Street Art Tour
Percurso guiado por um dos maiores especialistas nacionais em arte urbana e *graffiti*: Vasco T. Rodrigues. Até 9 pessoas.
www.estreladalva.pt/index.php/pt/tours/tours-tematicos/street-art-tour
www.facebook.com/pages/The-Real-Lisbon-Street-Art-Tour/827764090639524

LATA 65
Workshop ministrado a idosos, no âmbito da arte urbana, em trabalho direto com alguns dos melhores artistas urbanos da atualidade. Organização da Wool – Festival de Arte Urbana da Covilhã.
www.facebook.com/Lata65
tlm. 916 109 764

RU+A
Iniciativa de reabilitação urbana pelas artes, com sede na cidade do Porto.
www.facebook.com/RUA15setembro
rua.imaginoporto.pt
www.flickr.com/imaginoporto

LAC – Laboratório de Actividades Criativas
Associação cultural existente desde 1995 com o objetivo principal de dinamizar e promover a criação artística na região do Sudoeste Algarvio.
www.lac.org.pt/

As Fábricas Portuguesas / Mural da Lionesa
Organização: Lionesa / Mecenas: Lionesa e Unicer / Apoio: Câmara Municipal de Matosinhos / Curadora: Catarina Machado / Produção: Miguel RAM
www.facebook.com/muralruadalionesa
https://www.facebook.com/Lionesa.Desde1944

GAU (Galeria de Arte Urbana) / Câmara Municipal de Lisboa (CML)
Criada em 2008 e sob a alçada do Departamento de Património Cultural da CML, a GAU é a unidade responsável pela dinamização, inventariação e promoção da Arte Urbana em Lisboa.
www.facebook.com/galeriadearteurbana

NOTA DO EDITOR PUBLISHER'S NOTE

Nesta escolha é sempre difícil dizer o que é melhor. São muitas as dezenas de artistas que diariamente chegam "à rua", e nesta seleção interferiram o gosto pessoal, a representatividade, a disponibilidade e o nosso limitado conhecimento; por mais apoio e aconselhamento que tenhamos tido, este livro é, sabemos bem, uma primeira tentativa de alcançar essa escolha. Gostaríamos de ter aqui incluído alguns autores de que também gostamos, assim como ter tido mais espaço ou mais imagens para mostrar o trabalho de algumas *crews* de cidades menos conhecidas. Por exemplo, de Coimbra e da Madeira, não conseguimos qualquer registo apesar dos muitos esforços realizados nesse sentido. Mas este é, em particular, um primeiro volume de uma sequência que, esperamos nós, irá apurar a sua escolha e apresentar os artistas na sua evolução em Portugal, de ano para ano. É, por isso, uma escolha editorial que assumimos com todos os erros e falhas que possam ser apontados. Pedimos ajuda para que, num próximo volume, falhemos melhor.

In making these choices it is always hard to say what's best. Many dozens of artists arrive on "the street" every day, and this selection involved personal taste, representativeness, availability and our limited knowledge; for all the support and advice we have had, this book is, as we well know, a first attempt at that selection. We would have liked to include some other artists that we also like, as well as to have had more space or more images to showcase the work of some of the crews from lesser-known cities. We didn't get any images from Coimbra and Madeira, for example, despite the many efforts made to do this. But this is, specifically, the first volume of a series that we hope will perfect its choices and present the artists and their developments in Portugal, from year to year. We therefore own our editorial choice including all the errors and mistakes that may be pointed out. We are asking for your help so that in a future volume, we can fail better.

StreetArtPortugal@zestbooks.pt